MW00891909

Versos descalzos para Milena

Reflexiones Poéticas

Raféelo Marti
(Rafael Martínez Rodríguez)
E-mail: rafaelomarti16@gmail.com

Derechos Reservados 2022

Amigo lector:

"Educar un niño desde sus comienzos

fortalece su carácter para enfrentar la vida,

escucharlo detenidamente cuando es joven

es entrar en su interior

y al conversar con él en la adolescencia

propicias el intercambio valioso de ideas". RM

Para mí y para ti:

"Las palabras surgen por impulso natural o de un libro que lees; de un pensamiento que nace o una experiencia vivida. También de una necesidad en el tiempo o de un sueño por realizar; las palabras cambian la manera de ver las cosas cuando están escritas o verbalizadas claras y precisas". RM

Dedicatoria:

A la Amada de Dios: mi nieta Milena
y, a todos mis otros nietos; Valentina,
Deyrell, Amaia, Aliana y los que llegarán
según lo determine el Dios de la vida.

A Evelyn Arroyo:
punta de lanza, piedra de acero
guerrera de paz y olor a Lirio.
Y a nuestros hijos prestados del cielo.

A quienes guiaron los amaneceres,
mis padres Elisa y Cristino.

Agradecimiento:

Al Creador por el don regalado.
A Carmen Luz González
Carlos Velázquez QEPD
Rodolfo Lugo
Paola Martínez
William Moreno
Luis Rivera Toledo
Douglas Candelario
Gerry Onel Martínez

A Evelyn Arroyo
la primera editora.

Fotos por: Krisjoelis Martínez

Índice

Palabras del autor:

Cuando el alma alce el vuelo del destierro, al llegar al destino incierto, cargaré en mis pensamientos, todavía vivos; las obras hechas. La conciencia se retuerce y se alborota por no haber arreglado cosas rotas. Mientras la misma conciencia se place de haber hecho nuevas cosas. Entonces, al presentarlas en la entrada del infinito que no se descubre, alguien o algo dirá si te quedas, si eres quien crees ser.

Me observé sobre una juventud brillante, inteligente, atrevida, pero vulnerable, delicada e insegura, quizás loca. Era fuerte, protegido y bien provisto, pero con poca dirección, entendimiento y precisión. La vida no te guía, solo te lleva por ella. Te guían los tuyos y lo que aprendas y decidas por ti, si es que lo logras internalizar o la conciencia te permite.

Entonces, ¿cuál es nuestro rol en la vida, cuando al pasar del tiempo, de blanco ondeen nuestros cabellos?

De seguro, no es vivir lo mejor posible haciendo el mínimo esfuerzo. Por eso estos poemas reflexivos. Quiero dejar un camino que sirva como alternativa para cuando andes perdida o perdido, como estuve yo. Quiero ayudar a los abuelos a mostrar caminos a sus nietos leyéndoles verdades y a los padres, en el poco tiempo que tienen, que puedan apertrechar a sus hijos con valores y guías de vida. De eso se trata este poemario. Vívelo en cada palabra y sácale el mejor de los provechos. Córtalo y recórtalo a tu medida y a tu tiempo.

En mis palabras finales, quiero mencionar dos cosas importantes: resaltar que la voluntad de Dios es perfecta ahora y siempre. Carlos Velázquez, mi mentor y motivador desde que comencé a escribir, partió antes de la presentación de este poemario. Quiero dejar en letras para la historia que viviré agradecido por su dedicación, su bondad y amor para este trabajo y otros por venir. Carlos me motivó a crear lo que yo llamo: —siguiendo el estándar Águila—. Un concepto donde se destaca contenido reflexivo para la vida. Y en segundo lugar, en honor a este gran hombre vamos a cuidar de nuestros recursos naturales y convertirnos en mejores ciudadanos. Así lo quería él.

Prólogo
Dr. Rodolfo J. Lugo-Ferrer

"Enseñarás a volar, pero no volarán tu vuelo / Enseñarás a soñar, pero no soñarán tu sueño / Enseñarás a vivir, pero no vivirán tu vida / Sin embargo.../ En cada vuelo, en cada vida, en cada sueño, / perdurará siempre la huella del camino enseñado. Los versos anteriores son de la monja albanesa naturalizada india, Anjezë Gonxhe Bojaxhiu, mejor conocida como la Madre Teresa. Tan pronto comencé a leer el poemario del escritor peñolano Rafael Martínez, no pude eludir rememorar estos versos muy significativos de la monja canonizada. No pude prescindir del recuerdo de juventud cuando advine al conocimiento del insigne poeta libanés Khalil Gibran y su reconocidísimo poema "Tus hijos no son tus hijos, son hijos de la vida". También vino a mi memoria el gran poeta portugués Fernando Pessoa, no en la construcción de los versos, pero sí, en la utilización de los seudónimos que utilizaba este poeta, que vinieron a ser sus Alter Ego; que es lo que hace Martínez en este poemario.

Rafael Martínez adquiere un desdoblamiento existencial y asume el nombre de Raféelo Marti. Así que... volviendo al análisis del poemario, partimos de la esencia de ambos poemas mencionados, los cuales nos llevan a reflexionar sobre el valor y la función de ser padre, en lo que la palabra y todas las acepciones que conlleva dicho vocablo.

El amor se desborda en esencial existencial y onírica, pero, estos poemas van signados por otra trascendencia, la educación, asumida con la enseñanza de valores; de esta manera asumiendo como una de las más grandes e importantes funciones o deberes que persona alguna pueda tener según la tradición patriarcal occidental, la de ser padre o madre, y paralela a estas, la de maestro. Porque las tres palabras se conjugan en una sola acción, la más noble, la de educar. Lo anteriormente planteado es trazado por el poemario Versos descalzos para Milena de Raféelo Marti, alter ego del escritor puertorriqueño Rafael Martínez, como habíamos mencionado previamente.

Escribirle a la niñez o a la juventud, es como escribirle a la vida. Esto es lo que precisamente observamos en estos poemas dedicados a su nieta Milena. Se aprecia una catarsis de amor por su nieta, y que mejor manera para permanecer presente en la vida de su progenie descendiente. Es una manera de lograr una trascendencia, no solo como abuelo, sino como un ente que se desdobla en todos los abuelos del mundo. Una vez, visto la luz este poemario, Marti se convierte en todos los abuelos, y la nieta, en todas las nietas, indistintamente del espacio geográfico o el tiempo. Es una manera de perpetuarse a través de unas cálidas imágenes imperecederas, sentimientos con una honda calidad expresiva plasmada en imágenes poéticas.

Porque estos poemas son atemporales, muestran una fluidez en el manejo de las figuras retóricas, en la musicalidad de los versos, y en la exposición de los sentimientos vertidos en cada palabra, en cada verso, en cada estrofa. Es como proyectarse y hacerse infinito y continúo como el propio ser en cada manifestación, siendo las palabras e imágenes poéticas las que le permiten esa acción de continuidad. Estos poemas muestran una pertinaz búsqueda del sentido de la eternidad, de impregnar la vida de un ser amado con valores imperecederos, siguiendo la más importante tradición poética del amor paternal. Con este poemario, Raféelo Marti, mantiene vigente dicha tradición, a lo José Martí en su famoso libro de versos dedicado a su hijo José Francisco, en su Ismaelillo, solo recordar el poema "Hijo del alma".

En la literatura hispánica hay un sinnúmero de ejemplos de poemas infantiles o juveniles, solo mencionaré algunos: "Nana de la tortuga" de Rafael Alberti; "Las hadas" de Rubén Darío; "Caracola" de Federico García Lorca; "Abril" de Juan Ramón Jiménez; "Toda es ronda" de Gabriela Mistral; "Una rosa blanca" de Amado Nervo; entre muchas tradiciones más.

Este poemario no sólo muestra lo magnánimo del alma humana, desde la perspectiva de abuelo, desde la plasmación de emociones, lo que convierte al mismo en un hermoso tributo al amor paternal. Con estos poemas, Marti, no solo evoca la perennidad de los valores universales planteados por la tradición judeocristiana, sino también los más excelsos valores promulgados por los imperecederos filósofos griegos como Platón y Aristóteles; incluso en otras culturas y civilizaciones humanas de diversidad racial.

Otro hecho o dato importante es que la factura de estos poemas guarda una estrecha relación con la estructura de una canción como objeto de arte. De aquí, esa característica observable, constante, en casi todos los poemas que integran esta colección. Hay una utilización de un lenguaje hermoso y musical. También evocan a las nanas o canciones de cuna, obviamente salvando las diferencias de la estructuración lírica. Leyendo los poemas, no dejé de pensar, además en Marti y Juan Ramón Jiménez con su Platero y yo; también en las líricas de canciones populares muy famosas, como la significante "Isn't she lovely" del compositor y cantante norteamericano Stevie Wonder, la cual fue escrita cuando nació su hija Aisha (nombre muy significativo en la tradición islámica, pues es el nombre de la esposa más joven de Mahoma, la cual fue la niña mimada del profeta); o la canción "Kooks" de David Bowie para su hijo Duncan Jones; también "Mouth Cradle" de Björk; "Song for the baby" de Kelis; "Beautiful Boy" de John Lennon; "Said to the Moon" de Tom Yorke de los Radiohead. Las líricas de las anteriores canciones guardan similitudes con los poemas a Milena de Raféelo Marti, hay evocaciones, consejos, palabras de aliento, apoyo emocional y mental, hablan sobre la vida y sus adversidades y cómo enfrentarlas; de cómo construir un temperamento y personalidad fuerte y firme.

El maridaje entre canción y poesía ha sido una constante, históricamente. Hay una cercanía simbiótica entre ambas, se nutren de unos elementos y complejos simbolismos constitutivos. Recordad que el arte en todas sus manifestaciones, y en particular la poesía, buscan plasmar o hablar sobre los grandes temas arquetípicos y mistéricos de la vida; de aquí, la significación e importancia de The Beatles o Bob Dylan, ellos no veían diferencias entre canción y poesía. Estos poemas a Milena, se sitúan entre esa ambigüedad en si son una o la otra, se observa una simbiosis entre poema y canción. Marti las conjuga muy bien; entonces, estos poemas se metamorfosean en unas formas camaleónicas, camuflajeadas entre una canción o un poema.

En este poemario, no solo vemos un derroche de valores, también encontramos un despliegue de virtudes; recordar que estas siempre son inmutables y perennes, por ser universales, no cambian. Son la base de una conducta, que no solo incluye los valores positivos como la estimación y la empatía, van mucho más allá de lo común. Son los hábitos propios de la conducta humana, se desarrollan conforme son universales en todas las culturas y épocas. Se manifiestan en el trato e interacción constante; no bastan las intenciones, son necesarias las acciones. Se podrían mencionar muchas virtudes, todas parten de la práctica de la firmeza en la habitual disposición para hacer el bien o en la práctica de la bondad. Sobre todas estas se construyen estos poemas de esta colección de Raféelo Marti dedicados a su nieta Milena.

En el primer poema que abre la colección, "Versos descalzos para Milena" (el cual da título al poemario) se observa esa identificación con lo trascendente, con lo arquetípico de la existencia humana, alude a la naturaleza dual del ser, lo humano en constante fusión con el espíritu "Eres existencia terrenal y espíritu en la divinidad"; en un verso donde se intenta trazar una ruta para la vida "Debes caminar sobre hielo y caminos inseguros"; con unos consejos muy sutiles "Amar con pasión, cuidando tu corazón"; caminar la vida, ondear el mar, subir a la montaña que podría representar no perder las aspiraciones de lograr los más altos ideales. Es un poema circular donde se vuelve al origen primigenio "Allí, cerca de las nubes, intenta descubrir el mundo que se hizo para ti, de versos, para tus pies descalzos." Se observa también un juego de contrarios, donde se fusionan los opuestos; se plantea la dualidad del ser.

El poema "Emprender", dedicado a su hijo Christian cuando tenía siete años y a su nieta Milena a los tres, Marti establece una conversación con su Milena para establecer un vínculo real entre abuelo y nieta, la insta a iniciar una travesía; a que desarrolle un amor por la vida; que reconozca la identidad nacional en los colores de la bandera de la patria. Esta misma factura se aprecia en los poemas "Ojalá" y "Resguardo". Con "Ojalá", el poeta rememora su infancia y adolescencia, es un poema circular que nos remite al mito del eterno retorno al origen, se dilucida el paso por la vida, tal cual el acertijo que le dice la Esfinge a Edipo.

Otro dato muy significativo de este poemario es que al pie de cada poema se insertan unas reflexiones que llevan por título Safo, rememorando a la primera poeta occidental, que a pesar de solo contar en el devenir histórico con muy pocos poemas conservados de esta insigne mujer, los que lograron sobrevivir al tiempo, son de un incalculable valor, no solo por quien los escribió, sino, por el exquisito y trascendental lirismo manifestado en cada uno de ellos. Cuando leemos estas reflexiones de Marti, estamos ante otros poemas que subyacen con un robusto cuerpo poético y metafórico. De por sí, podríamos acentuar y confirmar, que en las dos o tres estrofas de estos, tenemos ante nosotros a unos poemas muy completos, con un exaltado lirismo y poeticidad incomparables. Y como las matrioshkas, que de primera ocasión eran un juguete, y con el pasar del tiempo, se convirtieron en un icono de la cultura rusa; en nuestros días se le adjudica el símbolo de la fertilidad y la maternidad. Representan a la madre protectora que acoge a sus críos y sabe cuidarles. O como las cajas chinas, que acogen una caja dentro de otra caja y así sucesivamente vemos varias cajas dentro de una. Marti utiliza esta técnica, más común en las obras narrativas o dramáticas, así estos micropoemas al pie de cada poema. A mi entender, los Safo son un poemario independiente dentro de otro poemario.

Se puede afirmar que Raféelo Marti, el poeta-abuelo, se convierte en maestro, en ese que educa en la enseñanza de los grandes valores que se transmiten y educan para la vida. En el poema "Partir" reafirma el discurso que se ha apreciado a través del diálogo entre el poeta y su nieta, hay un tono de sabiduría, de añoranza, de reafirmación en los recuerdos y en la trascendencia de lo cotidiano como mirar una foto vieja del abuelo con su amada nieta en sus brazos.

Para concluir, podemos decir que Marti se proyecta como un agricultor de palabras que siembra semillas de bondad para en el futuro recoger los frutos de la templanza, la obstinación, la perseverancia y otras virtudes y valores universales. Su nieta, y por extensión, toda su progenie que le hereda, serán quienes recogerán esos frutos. Este poemario le permite al poeta, trazar esa ruta o travesía en la vida para su nieta. Con este poemario, Marti se hermana con todos los abuelos del mundo y su nieta con todos los nietos.

Aristóteles, el gran filósofo griego del siglo III A. C. decía "educar la mente sin educar el corazón, no es educación"; y con este poemario, Marti, cumple ese cometido, educar el corazón.

Versos Descalzos para Milena

Milena significa Mujer amada por Dios, según el hebreo.

Safo de Mitilene, la décima musa griega.

Fue la única mujer que los antiguos griegos incluyeron entre los grandes poetas de su civilización y Platón la consideró a la par con las musas de la mitología. Sorprendentemente se sabe muy poco de Safo de Mitilene, considerada la mejor poetisa de la Grecia antigua. Los Safo enumerados en romano que verás al final de cada reflexión poética son en honor a esta insigne mujer.

Reflexión Poética I

Versos Descalzos para Milena

Tu alma es sola en el universo, de esa
no existe otra igual.
Eres existencia en lo terrenal
y espíritu en la divinidad.

Debes caminar sobre hielo
y caminos inseguros;
correr la calle y senderos oscuros.
Amar con pasión
cuidando tu corazón.

Pisar la arena en la playa
y oculta bajo el mar;
escuchar la música que trae el viento al pasar
sobre la montaña que debes alcanzar.

Allí, cerca de las nubes,
intenta descubrir el mundo que se hizo para ti,
de versos, para tus pies descalzos.

Safo I
"Soy día y luz, más no pretendo ser,
luz de tu día; solo guía, para que
encuentres la luz que alumbrará tu vida".

Reflexión Poética II

"A mi hijo Christian Martínez
a sus 7 años y a Milena a sus 3".

Emprender

Volaré la tierra, volaré el mar,
volaré el mundo sin descansar.

No habrá lluvia, no habrá mal,
no habrá nada que me detendrá.

Mi tarea es ardua, de mucho amor,
llevar mi bandera a tu corazón.

Azul, rojo y blanco es su color
y al cielo una estrella se le escapó.

Safo II
*"Corazón pequeño de gran soñador,
ojos inquietos que impulsan tu voz
al oír la canción que te llevará a volar.
Tus brazos serán las alas de un avión;
para atrapar el mundo y su esplendor".*

Reflexión Poética III

"Alguna Vez"

Si alguna vez te dijera,
"No eres suficiente, no podrás",
¡corre!, bebe de la fuente del saber perpetuo;
ve contra la pared pintada de frente,
contra los insurgentes.
Alza tu voz, dile: ¡detente!
al cielo infinito, perenne,
contra aquel, contra todos.

Demuestra creyendo y contenlo
usando la fuerza de un corazón retante;
doblando rodillas con tu mente brillante.

Safo III

"Tantos tropiezos que buscan hacerte caer;
suficientes razones para levantarte, solo Cree en ti".

Reflexión Poética IV

"Fuego"

Quema la mano que lo toca

mientras te miran ocultos

sin decirte nada,

para que sientas,

para que padezcas,

para que sufras;

se ríen de tu desgracia.

Y murmuran tu dolor

mientras secan sus venas

por el fuego y tu calor.

Calma tu alma.

Doma tu espíritu.

Sigue en el camino de los que no se rinden.

Safo IV

*"El mal no se deja ver, anda oculto,
pero se siente; como se siente el viento".*

Reflexión Poética V

"Todopoderoso"

De brazos abiertos de par en par,
con la luna detrás
que dibuja su imagen en la oscuridad.
Nubes que nublan tu existencia,
invisibles capullos de estrellas
que trae volando el viento.

Nada ves, nada sientes, nada encuentras;
cuando estás en la oscuridad,
y al final, desesperada, ves los brazos que esperan
para abrazarte; perdonarte,
aunque sea el último a quien recurras,
Dios siempre estará para ti.

Safo V

*"Señor, sé que nunca aparecerás,
pero te será imposible no revelarte
en todo lo que me diste".*

Reflexión Poéticas VI

"Cáliz de vida, esperanza"

Copa Sagrada que se alza
en manos consagradas.

Copa de vida y esperanza,
de lluvia y grandeza,
de bendición y perdón.

Trae sangre en su interior
con sabor amargo como el sudor.

Limpia, cura, sana, sacia la vida
y vuelves a nacer.

Safo VI

*"La sed, acaba al beber la emoción
de saber que existes y estas presente en todo".*

Reflexión Poética VII

"Letanía al Tiempo"

Tendré tiempo para ti:

Tiempo, para cuidarte.

Tiempo para enseñarte.

Tiempo para regalarte.

Tiempo para tus secretos.

Tiempo para escucharte.

Tiempo para ayudarte.

Tiempo para acompañarte.

Tiempo para reír y sufrir.

Tiempo para viajar y soñar.

Tiempo para esperarte.

Tiempo para perdonarte.

Tu tiempo lo respetaré...

Tendré tiempo para recordarte.

Solo pediré de ti tiempo,

para que me recuerdes.

Safo VII

"El único, que no perdona es el tiempo;
pero, es solo el único que cura".

Reflexión Poética VIII

"Inopia"

Habla, escucha, solo existe.
Marca, percibe, no siente nada.
Observa, mira, no vio nada.

Mientras ellos vuelan
otros están en su inopia.
Tres vidas que marcan sus diferencias.
Tres almas: tú ríes, ella juzga, él se distrae.
Cada cual con su conciencia,
Uno marca el tiempo, otro lo ve pasar
mientras alguien no sabe nada.

Que tus palabras sean luz
y tus pensamientos fuentes.
Que tu alma sea inquieta, viva, intensa
y se deje sentir tu presencia
en el más profundo silencio,
con tu silenciosa risa.

Safo VIII
"Haz ruido y verán, solo donde se pueda escuchar.
Aunque seas igual, sé diferente".

Reflexión Poética IX

"Pertenecer"

Poema en la mañana

De la nada al todo, sin que nadie lo dijera,
corta como tijera todo lo que te impida.
Eres hebras del tiempo que entrelazan la vida
y unes la sangre viva en la tierra que siembras.

Poema en la tarde

Eso eres y soy, unidos en la orbe
de vidas inquietas muy cercanas.
Se quieren desligar del todo que fue,
imposible girar, imposible separar,
imposible dejar de ser…
descubre tu interior, y a qué perteneces.

Safo IX
*"Con el sol mostrarás cuanto brillas,
bajo las nubes no lo podrás ocultar
y en la noche serás como una estrella".*

Reflexión Poética X

"Marinera"

Sol que quema tus velas,
empuja tu espíritu.
La carga que llevas nada importa,
solo debes navegar.

La vida es igual, de cargas pesadas
que pesan cuando le das importancia,
al ignorarlas, superarlas, avanzas".

Espíritu libre, de huellas plantadas,
fluye como el barco
que deja al viento empujar
y verás el puerto donde quieres llegar.

Safo X

*"De qué te preocupas, todo es terrenal y pasajero,
nada pesa en la vida si lo intentas llevar.
Finalmente el sol dibuja tu sombra en el mar".*

Reflexión Poética XI

"Lunática / Demente"

La sal no está en la arena que besas
ni la saboreas en el agua que salpica tus labios,
mientras la vida va y viene sin descansar.

La luna es redonda,
pedazos de queso que se unen y desunen.
Está en ti que lloras,
también en tu alma que busca reír.
Que transita fugaz el día
y enamora la noche.

Existe, aunque te llamen lunática,
no es real, aunque no tiene vida, es verdad
ser demente, es no ser igual.

Safo XI
"Atrévete a lograr lo imposible,
no importa ni pasa nada, si te caes te levantas".

Reflexión Poética XII

"Pasos"

Danzas que originan tu felicidad.
Pasos que dejan marcado lo existencial.
Lentos en la tarde o en el ocaso al llegar.
Que otros seguirán solo por imitar, seguir igual.

No se olvidarán aunque se borren al pasar.
Marcan las palabras que conjugan tu ser,
no las tuyas sino las de ÉL.

Pasos de vida por la vida
pasos en danza, rítmicos y correctos;
esos te guiarán hasta el siempre eterno.

Safo XII

"Nunca podrás alcanzar tus metas
si tienes más dudas que certezas.
Cada paso es parte del plan".

Reflexión Poética XIII

"Ojalá"

La ternura y el amor
son la máxima expresión
de mi niñez,
que perdí en la timidez
de una juventud nueva.
Solo se renueva
al llegar la vejez.

Ojalá pudieras vivir
disfrutando la vida.
Ojalá pudieras disfrutar
viendo la vida de otros.
Ojalá pudieras ser tú
y que otros busquen
tu luz sin saberlo.

Safo XIII
*"Aumenta las riquezas del alma
sin disminuir las del espíritu".*

Reflexión Poéticas XIV

Enamorada del Amor

Las estrellas jamás brillarán más
que los ojos de una enamorada,
tampoco el tambor resonará tan fuerte
como el latir de un corazón amado;
ni habrá más luces en el firmamento
que las ilusiones creadas
por el mismo Amor a la vida.

La Fuerza de tu Amor

El amor que trasciende sobre la adversidad,
que marca el tiempo en busca de la Eternidad;
de un tiempo marcado en el reloj de tu vida.

Safo XIV

*"El zumbador enamoró una flor,
cuando regresó ya estaba marchita, y lloró.
Luego vio otra flor que moría sin su beso de amor y voló;
y a todas besó,
aun sabiendo que morirían también de amor".*

Reflexión Poética XV

"Credo"

¿Dónde existen más espumas
que en la muerte de las olas del mar?
¿Dónde existe más verdad
que en la muerte de Jesús en la cruz?

No existe mejor caída
que la del agua en las cascadas;
y no existe mayor confianza
que la caída del alma
en los brazos de Jesús, nuestro Señor.

Safo XV

"Cuídate de tus dudas,
son solo actos sin aclarar,
aclara y declara que todo nace en ti".

Reflexión Poéticas XVI

"Descubre"

Descubrir sin entender es conocer sin saber,
saber es conocer, entender y descubrir.
Amar al conocimiento es amarte,
es atreverte a la aventura del saber.

La catarsis de una anhelada liberación,
que transforma el interior;
liberando el hilo conductor
entre la vida y sus misterios.

Todo se hace silencio cuando habla la razón,
palabras que se vierten en el corazón
por lo aprendido y que nunca pasará.
Nunca dejes de aprender.

Safo XVI
*"Al Señor saber que todo lo cambia,
a ese no le niegues tu tiempo".*

Reflexión Poética XVII

"Amistad"

Es como el aire que necesito respirar.
Como el viento que refresca mi vida.
Como el agua que sacia mi sed.
Se cultiva, riega y abona.

De amable compañía, de confiar,
conversar en soledad, secretos, amor y desamor.
Es pura en su interior,
trasciende más allá de tu propio ser.

Nada debe ser más grande que la amistad,
que traerá errores y debilidad
para que puedas reponer con ternura
lo que en ella dañado está.

Siempre encontrarás,
un alma dispuesta a ser, un amigo fiel.

Safo XVII
*"Al abrir el corazón encontraron el espacio,
justo y armonioso,
donde se guarda como tesoro la amistad".*

Reflexión poética XVIII

"Lápiz"

Que te desahoga y se deja llevar,
que guarda secretos de tu vida al pasar.
Esta para alumbrar la hoja singular
que una vez la toca, la marca,
no lo puede olvidar.

Dale vida a lo interior que vive sin libertad;
de música o color, de rectas o curvas,
de líneas o enredos en tu vida exterior.

Solo escribe, describe, desahoga.
Vive la intimidad, fluye entre las letras;
sueña entre páginas de imaginarias
visiones escritas en carbón.

Safo XVIII

*"Deja la razón del llanto en líneas escritas
a lápiz y deja allí también las lágrimas
para que enjuguen y pinten tus letras.
Luego sigue tu marcha sin distracción".*

Reflexión Poética XIX

"Crítica"

De ti, de otros y todos.

¿Para qué te sirve?

¿Juntas cosas valiosas?

Solo si aprendes, solo si es para ti,

solo si es del que sabe tu vida dirigir.

No hables, detente, baila en el tiempo,

escucha el piano tocar suave, armonioso;

entre melodías castiga tus insistencias,

piérdete por un momento sin decir nada.

De eso está lleno el tiempo,

de cosas sin juzgar.

Solo viaja en tu realidad sin tener que valorar,

¡Sin nada más!

Safo XIX

*"Si decides que algo debes controlar,
comienza con las palabras que salen y atan el alma;
serás libre en el silencio que calla".*

Reflexión Poética

"Amarrada, Amada por Dios"

Entre suspiros y ojos dormidos fuiste creada,
perfecta creación que puso Dios en el vientre,
y dijo: "Nada te hará daño".

Besó tu frente y marcó su cruz en ella.
Nadie sabía que entre las cosas bellas
tú serías sandalia que calzaría su pierna diestra.

Te bañarás en aguas profundas, sobre ellas flotarás,
caminarás entre espinas e intenciones escondidas,
pero tan siquiera te rosarán.
Ni el que vistió ángeles de negro
podrá ahogarte con el cordón que alimenta tu vida.

Avanzaste, bajo miradas ocultas, protegida.
El día que naciste fuiste la sensación,
el asombro de vivir bajo el amparo del Señor.
El médico lloró el milagro de la Amada por Dios.

Sus manos cálidas desenredaban el arnés de vida
que se aferraba amarrado a tu cuerpo.
Allí, lo dejaba para no olvidar que él existe.
Milena, amada por Dios, te sobrará vida para dar
y serás bendición en nuestro caminar.

Reflexión Poética XX

"Lucha"

Para lograr tu paz interior,
debes declararle la guerra al yo exterior.
Domestica tu exterior, libera tu interior.
Mientras estés atada no verás la libertad,
no busques en la oscuridad
quien tiene la llave.

Mírate, libérate, encuentra la felicidad
detrás del miedo que se oculta,
de las miradas directas que te dan para caer.
Y si no puedes sola,
aquí convertido en letras estaré
para ayudarte a luchar.

Safo XX

"Intenta y si fallas, vuelve a intentar;
no vaya a ser que te arrepientas de no intentar triunfar".

Reflexión Poética XXI

"Triunfo"

La derrota espera pacientemente que desistas,
el triunfo impaciente porque insistas.
Detrás del dolor, del cansancio,
del derrotero de la vida,
existe fuerza, llena de pura energía.

La lucha es contra ti,
contra tus pensamientos y emociones;
imágenes ocultas en fuego que no ves,
contra aquellos que te piden rendirte.
Date cuenta que el tiempo no espera
y se lleva tus mejores momentos.
No descanses hasta el final.

Safo XXI

"No te canses de insistir, de luchar,
quien quiere derrotarte insistirá sin descansar".

Reflexión Poética XXII

"Ágape"

Es agua el amor, también sol será,
es nube y aire al pasar.
El amor es más que pasión,
momento o emoción.
Es el instante maravilloso del delfín
en su vuelo sobre el mar.

El amor va más allá de buscar tu felicidad.
Baila en la profundidad de una amistad,
Dejando sentir la sensibilidad tierna y cuidadosa;
como pétalo de rosa de un ser amado.

Pasión de un amor que se transmuta hasta lo fraternal.
Amor que solidifica todo cuanto es,
transformando tu ser en Amor Incondicional.
Ama todo y si es posible a todos.

Safo XXII

"El daño a los que amas causa rabia
y la rabia te causa daño, el perdón te da paz
cuando no estableces condiciones para perdonar".

Reflexión Poética XXIII

"Mentira"

Viene tras de ti,
camina a tu lado,
se esconde entre sombras, irreales,
sin poder distinguirla.

Te hace feliz,
la llegas a amar,
ignoras las causas de un daño real.
Esclavos somos,
presos de su amistad,
deshaciendo en pedazos la verdad.

Invisibles almas que contra espejos se estrellan,
cabalgando sobre el fango de una mentira cierta.
Segura que es toda verdad, confías que te salvará.

Safo XXIII

*"Entre la mentira y la verdad no existe diferencia,
si las rige la conveniencia.
La conveniencia hace de la mentira una verdad,
así satisface la necesidad".*

Reflexión Poética XXIV

"Confianza"

Cada paso que des
debe tener un propósito;
pintar el suelo de brillantes colores
dejando tan fuerte tu pisada,
nada la borrará.

Igual en la oscuridad, que llegará,
aunque no quieras verla,
pero si tu alma esta llena
de intensas ilusiones,
todo quedará en luz,
podrás sonreír y continuar.

Safo XXIV
*"La confianza pudiera ser pura,
fuerte e inimaginable como la fe lo es".*

Reflexión Poética XXV

"Dirección"

Recuerda bella flor,
tu olor perdura aun en la oscuridad.
El ocaso da paso a la creación de un nuevo día,
después de descansar.

Lo que no podrá pasar
es desistir de tus deseos y sueños;
preñados de ideas y retos.

Alimenta con el sol de la mañana
tu ánimo a seguir, perfuma el día;
y al llegar la noche,
vuelve a soñar;
vuelve al despertar.

Safo XXV

"Vida, tiempo, sueño y esfuerzo;
conjugan en tu existencia todo lo que descubres.
Brilla, respira y vive, en perfecta armonía y dirección".

Reflexión Poética XXVI

"Lo correcto"

Si el mar se cansara de enviar sus olas,
moriría la vida
que habita en su profundidad.

Si tú dejas de sentir pasión por la vida
morirá la ilusión
que habita en la profundidad
de tu alma.

Safo XXVI

*"Encontrarás altas paredes a tu alrededor,
solo harán más valiosa tu existencia".*

Reflexión Poética XXVII

"Insistencia"

Bracea en contra de las olas,

descansa,

no dejes de nadar.

Corre descalza sobre la arena,

descansa,

no dejes de avanzar.

Sueña con ser grande

de alma y espíritu,

despierta,

nunca dejes

de hacerlo realidad.

Es posible hacer lo que te propongas.

Safo XXVII

*"Nunca descansas porque hasta en sueños
sigue despierto el afán de llegar más lejos".*

Reflexión Poética XXVIII

"Resguardo"

Pies descalzos, tuyos
que caminan sobre alfombras
que cortan la piel desnuda.
Pies que corren para salvar la vida
que llevas sobre el día.

Pies descalzos, tuyos,
en un mar de tierras impuras,
desaseadas,
esperando el ataque de un depredador.

Pies que te llevan al destino
sin saber que vas a encontrar.
Pies, seguros en continuar
al amparo, al resguardo de tu persistencia.

Safo XXVIII

"Sorpresas, problemas e imprevistos
por todos podrás pasar si estas preparada
para continuar por la vida; sin que nada te detenga".

Reflexión Poética XXIX

"Cambios"

La vida cambia como las estaciones del año,
no se van para siempre,
solo descansan para volver.
Trasmutan para encontrar su tiempo y espacio.
En cada una, decides correr como el agua
o quedarte quieta en el estanque.
Renovarte o seguir igual.

¿Serás instante, momento o eternidad,
o serás ocaso, noche o la oscuridad?
Destellos de un farol que ilumina con su
llama cósmica el camino que te lleva al aula.

Ilusión que se aleja y llega para comenzar:
lugares nuevos, sueños, viajes lunáticos y cumplimientos.
No importa todo es pasajero y es solo tuyo el tiempo.

Safo XXIX

"Cambia el día por la noche y la noche se escapa del día,
nada es igual a lo que parecía,
no hay aferro al día ni a la noche; son uno".

Reflexión Poética XXX

"Avanzando"

Tu templo se ilumina
cuando amas lo que haces.
Realizas propósitos y
asumes tu parte en el tiempo.

La sombra se hace menos visible
si te alejas de tu luz.
Cada paso que te aleja, te prueba, te reta,
pero la luz te da paz;
podrás enfrentar las sombras de la vida.

Aun, en las sombras debes seguir avanzando.
Haz lo correcto en la vida y si tropiezas haciéndolo,
no te molestes ni desistas,
es señal de que estás avanzando.

Safo XXX

"Cada meta es un sueño, cada logro es vida
y vuelves a imaginar para seguir logrando sueños sin detenerte;
si te detienes es que dejaste de soñar".

Reflexión Poética XXXI

"Aceptable"

Sólo devolverás el golpe
cuando hayan pasado el límite
de tu tolerancia.
Entonces podrás hacerlo,
con la misma fuerza
que fuiste golpeada, no más.

Aunque, no te será difícil
cuando te hayas encontrado y te conozcas.

En el amor,
hacer lo contrario es lo correcto.

Safo XXXI

*"Cuando se perfecciona la grandeza desde adentro,
la fuerza interior es capaz de hacer cosas maravillosas
e inesperadas reacciones".*

Reflexión Poética XXXII

"Cinco Tesoros"

Cuando sientas miedo o duda recurre a la *Familia*;
seguro habrá uno dispuesto a darte sabiduría.

Cuando quieras aparentar ser lo que no eres;
contempla las sandalias de tus verdaderos *Amigos*
que disfrutan o sufren siendo ellos mismos.

El *Tiempo* está hecho para el triunfo y el fracaso;
es de gran valor cuando intentas una y otra vez.

Aprende, conoce y practica cada detalle y da por hecho
que te hará mejor en el *Trabajo* que decidas hacer.

Entonces, si tienes fe, valoras lo bueno
y te dispones a aceptar los retos de la vida;
es cuando reconoces que el *Amor Propio* es lo más
importante en la valoración existencial.

Safo XXXII
"Aun los que alardean de triunfar por ellos,
experimentan los impulsos, los consejos
y las experiencias de otros".

Reflexión Poética XXXIII

"Imágenes"

Quiero ser libre para regalar libertad.
Quiero ser millonaria para poder ayudar.
Tener un Ferrari para llevarte a pasear.
No tener problemas y vivir en paz.

Piedras en el camino no quiero encontrar.
Poder llegar de viaje y descansar.
Ser el tiempo para mi vida organizar,
el aire, el agua y el cielo poder tocar.

La puerta abre, me hace despertar,
el llamar de mi padre deshace las nubes del soñar.
Quiero ver siempre imágenes bonitas,
que no pierda la ilusión de imaginar,
de vivir en un mundo ideal.

Safo XXXIII

*"La magia de la imaginación
aparece con la creación espontánea,
de pensamientos que te llevan a explorar
toda la belleza del mundo que anhelas".*

Reflexión Poética XXXIV

"Caminar"

Piedras sobre piedras en los caminos
por donde andarán tus pies descalzos;
desvían la ruta del éxito,
de la felicidad y la gracia.

Desilusión, dolor y angustia
que prueban tu coraza, miden tu temple.
Cuán grande es tu corazón,
cuánto resiste al caer.

Esas piedras mueven tu alma;
para bien o mal, tú decides.
El camino está primero,
las piedras también.
Solo pásalas sin quejarte.

No vivas zumbando, vive construyendo.
Como el niño que cae, se levanta y vuelve a correr.
Como el latir de tu corazón, que es pura vida.

Safo XXXIV

*"Camina el mundo con la confianza de tener
la libertad de mente y espíritu".*

Reflexión Poética XXXV

"Perdón"

Te vi triste como el cielo que llora
y no te consolé, no te valoré.
Hablabas de historias que no escuché,
por estar perdido en las mías.
Ahogado en excusas que me reprocharé,
cuanto quisiera que hoy fuera ayer.

Pasa el tiempo como pasa el tren
de frente a la conciencia todo se ve.
Si me hubiera dado cuenta de cómo te amé,
cuando dormida en mis brazos, tu sueño velé.

Por si no te di lo mejor de mí,
envuelto en hojas de papel escribí
versos en poesía para dejarme sentir.
Hazlos tuyos y guía tu porvenir;
perdona, da para otros lo mejor de ti.
Haz del perdón la constante lluvia que sacia.

Safo XXXV
*"Al perdonar no solo amas,
te amas y te reconcilias".*

Reflexión Poética XXXVI

"Alegría"

La belleza de la vida es alegría,
el amor, la flor y la mariposa
que rebosa aleteando por el néctar de la rosa.

El sabor que da la vida es alegría,
Es saborear el placer que alimenta
y deleita al paladar como un buen vino.

La vida cada día es alegría,
de ver hijos nacer y crecer,
mas poder entender cuán bendecido somos.

Caminar sobre pastos verdes es alegría,
en soledad o de la mano,
disfrutando el mundo y su belleza.

Los pensamientos son alegría
cuando nacen en tu mente cosas hermosas,
dejando solo atrás ironías y malos momentos.

La imaginación es alegría,
imágenes creadas de sueños y paraísos,
naturaleza real y vibrante.

Volar, soñar y reír,

con poder llegar a dónde desees;

la alegría está dispuesta a darte la felicidad

que solo alcanzarás viviendo plenamente.

Safo XXXVI

"Cuando logres encontrar el Cristo vivo,
el de la Creación, él te guiará a creer;
entonces te alegrarás de haber nacido en su edén".

Reflexión Poética XXXVII

"Libertad"

Nada es libre, solo la libertad lo es,
será tuya al dominio del control.
Dueño de tu día será el pensamiento
asechado muy de cerca por el descontrol.

Libre es el corazón, los sueños y las ilusiones.
Cuida de no encerrarlos a las intenciones
de tentadores deseos que carecen de libertad;
porque no conocen los límites de su fragilidad.

Lo creado es libre, capaz, de aventura,
aunque a veces atrapada en la realidad.
Una vida en el tiempo parece atada,
la libertad está en tu alma.

El profundo saber no te hace libre
Tampoco si el privilegio te abraza.
Eres libre cuando tu alma comprende,
acepta y reta a la misma libertad.

Safo XXXVII

*"Busqué tantos caminos para encontrar la libertad
que termine preso del cansancio,
comprendí entonces que la libertad no se busca, se vive".*

Reflexión Poética XXXVIII

"Oportuno"

Las victorias tienen su valor
cuando son ganadas desde el corazón.
Lo que hagas significará mucho,
para ti será más, porque es puro.

Construye con tus ideas,
reconstruye sin pretender,
ayuda sin interés,
da lo que has ganado y es tuyo.

Si algún día te tienta la codicia
de poseer lo ajeno, material o pensamiento,
piensa primero en que valor tendrá,
no ante la gente,
sino frente a tu dignidad.

Que los aplausos y tu felicidad
sean tan puros como el agua.
Que la honestidad vista de gala
tu presencia en la vida

Safo XXXVIII

"Es un honor vivir honrando
el paso de la vida por la vida".

Reflexión Poética XXXIX

"Vida"

Pareces no terminar y al darme cuenta
ya emigró, ya terminó, ya todo pasó.

Cada instante, cada momento, cada espacio
tendrá valor, pero no lo supe
hasta que empecé a vivir para mí.

Aún así, el tiempo no se detiene,
no lo hizo por mí, continuó su marcha eterna,
mas no me deja regresar.

Eres vida, parte de la Creación,
sólo que tú te quedas por siempre y yo me voy.

Safo XXXIX

*"Nací y moriré aquí, viviré allá,
donde caminaré a tu lado,
aunque tú no me veas caminar aquí, allí estaré".*

Reflexión Poética XL

"Partir"

No estaré cuando leas mis versos para ti,
búscame en la cabaña que va al cielo,
trepado entre nubes y vientos;
alumbrándote el camino
que te indicará que eres diferente.

Estaré en una foto vieja
contigo en mis brazos, sonriendo igual
como ahora en tus pensamientos y sueños;
diciéndote cerca al oído:
"Que nada te detenga, sigue intentando".

Debajo del árbol cuando allí vayas,
siéntate cómoda a leer mis historias;
a pedir por mi alma, que al escribir te vi,
como una espiga rosada para siempre vivir.

Safo XL

"Dios te ama, Dios te bendice,
regalo de besos y versos para tus pies descalzos
Milena, amada por Dios".

Gracias por caminar con nosotros 40 pasos desde el amanecer hasta el ocaso.

Biografía
Rafael Martínez Rodríguez (Raféelo Marti)

Nació el 5 de enero de 1966, en Peñuelas, Puerto Rico. Sus padres: Cristino Martínez Torres, y Elisa Rodríguez Ruberté. Su infancia se desarrolló en el barrio Tallaboa Alta y en el barrio Quebrada Ceiba. Estudió en las escuelas Tallaboa Alta, Quebrada Ceiba y el Pueblo. Se graduó de escuela superior en 1984. Está casado con la Sra. Evelyn Arroyo Camacho (maestra) y tienen cuatro hijos; Dalwin Joel, Alexis Rafael, Christian y Krisjoelis.

Martínez es retirado de la Guardia Nacional de PR y del Departamento de Educación. Posee un bachillerato en

Educación en la Universidad Interamericana y tiene un grado de maestría y una sub especialización en Administración Educativa de la Universidad Metropolitana Ana G. Méndez. Además, tiene varias certificaciones como; Maestro Cooperador, Facilitador Docente, Valores Olímpicos y Liderazgo y gestión. En su juventud fue atleta universitario y nacional. El autor también trabajó en la industria textil, es maestro, entrenador deportivo universitario, corredor de bienes raíces, representante sindical, director regional del DRD y actual director del programa Homeless del DE. En adición, ha trabajado en varios proyectos especiales entre ellos: el desarrollo de guías curriculares, mesas de diálogo deportivo, facilitador de valores olímpicos, entre otros. En el ámbito social fundó Grupo HAmigos (filantropía) y pertenece a varias organizaciones cívicas, deportivas y religiosas. Actualmente colabora con la revista cultural, Esencia, en la que se desempeña como tesorero y escritor. Asimismo, ha incursionado en varias áreas de la literatura, tales como; el cuento, la novela, la canción y la poesía. Tiene varias publicaciones en la Revista Esencia y El Nuevo Día.

Además, ha obtenido varios premios y reconocimientos nacionales, entre ellos: Maestro de Excelencia del DE, Premio Salvador Colón, Asociación de Educación Física de Puerto Rico.

Made in the USA
Columbia, SC
15 October 2024

44432970R00045